Gabriele Ebert

Teresa von Avila

Einführung in ihr Leben und Werk

Bibliografische Informationen der Deutschen Bibliothek

Die Deutsche Bibliothek verzeichnet diese Publikation in der Deutschen Nationalbibliografie; detaillierte bibliografische Daten sind im Internet über http://dnb.ddb.de abrufbar.

© 2023 Gabriele Ebert

ISBN: 9783757847210
Umschlaggestaltung: BoD, Gemälde von Teresa: anonymer Maler, nach dem Portrait von Juan de la Miseria Narduch
Herstellung und Verlag: BoD - Books on Demand, Norderstedt
Printed in Germany

Teresa von Avila (1515-1582), Gemälde von Peter Paul Rubens, 1615

Inhaltsverzeichnis

Einleitung

Dieses Büchlein dient zur Einführung in das Leben und Werk von Teresa von Avila (1515-1582), dieser außergewöhnlichen spanischen Frau aus dem 16. Jahrhundert. Sie war die Gründerin des reformierten Ordens der Unbeschuhten Karmeliten, Mystikerin, Schriftstellerin und Seelenführerin. Obwohl sie oft krank war, war sie unermüdlich tätig, viel auf Reisen und musste viele Widerstände überwinden. Mit Johannes vom Kreuz gründete sie nach dem reformierten Frauen- auch den Männerzweig. In Pater Jerónimo Gracián fand sie einen engen Freund. Die Inquisition und die verworrenen Ordensstreitigkeiten zwischen den Beschuhten und Unbeschuhten machten ihr zu schaffen. Sie erlebte einen Tiefpunkt, an dem es schien, dass ihre Reform gescheitert war. Doch schließlich setzte sich ihr Werk durch. Die Unbeschuhten erhielten 1580 durch ein Breve von Papst Gregor XIII. eine eigene Provinz und damit ihre Selbstständigkeit.

Sechs Jahre nach ihrem Tod brachte Fray Luis de León Teresas Werke heraus. 1614 wurde sie seliggesprochen, 1617 zur Schutzpatronin Spaniens ernannt, 1622 heiliggesprochen, 1965 zur Schutzpatronin der spanischen Schriftsteller ernannt und 1970 zur Kirchenlehrerin.

Kindheit und Jugend

Teresas Leben ist durch viele Quellen wie Briefe und ihre Schriften sehr gut bezeugt. Dazu gehört auch ihre Autobiografie, Vida, die sie auf Wunsch ihres Beichtvaters schrieb und die bis zur Gründung ihres ersten Reformklosters San José in Avila reicht.

Teresa de Ahumada wurde am 28. März 1515 in Avila, Kastilien, geboren. Sie war das dritte Kind aus zweiter Ehe von Alonso de Cepeda mit Beatriz de Ahumada. Seine erste Ehefrau Catalina del Peso, mit der er zwei Kinder hatte, war bereits nach zweieinhalb Jahren Ehe 1507 gestorben. Zwei Jahre später heiratete er, inzwischen 29 Jahre alt, die 14jährige Beatriz de Ahumada, die ihm zehn Kinder zur Welt brachte und mit erst 33 Jahren starb.

Alonso de Cepeda war der Sohn des begüterten jüdischen Kaufmanns Juan Sánchez de Toledo und dessen Frau Inés de Cepeda. Als die Inquisition in Toledo ihr Tribunal aufschlug, wurde Juan Sánchez, wie viele andere Juden, 1485 zusammen mit der gesamten Familie getauft. So gehörte er zu den sogenannten „Conversos", einer bis ins 18. Jahrhundert hinein diskriminierten Bevölkerungsschicht Spaniens. Etwa 1490 zog er mit seiner Familie nach Avila, um möglichst unbelastet von seiner Vergangenheit ein neues Leben zu beginnen. Er kaufte sich einen Adelstitel, damit er und seine Familie fortan vor Repressionen geschützt waren.

Zum historischen Hintergrund: 1516 ging in Spanien die Herrschaft der Katholischen Könige Fernando und Isabel zu Ende. Unter ihrem Regiment hatte das unerbittliche Auge der Inquisition über die dogmatische Reinheit des katholischen Glaubens gewacht. Die Juden wurden des

Landes verwiesen oder zwangsbekehrt, und Amerika wurde entdeckt. In Wittenberg schlug Martin Luther 1517 seine 95 Thesen an die Kirchentür, und die Kirchenspaltung nahm ihren Anfang. Zu Teresas großen Zeitgenossen zählte u.a. Ignatius von Loyola (1491-1556).

Teresas Kindheit war von Frömmigkeit geprägt, vom Wunsch, den Himmel um jeden Preis zu erringen, und von der Angst vor der Hölle. Als sie acht war, las sie mit ihrem elfjährigen Lieblingsbruder Rodrigo zusammen Heiligenlegenden. Daraufhin beschlossen sie, es den Märtyrern gleich zu tun. „Als ich die Marter sah, welche die heiligen Frauen für Gott durchmachten, schien es mir, dass sie sich das Eingehen in den Genuss Gottes sehr billig erkauften, und so sehnte ich mich sehr danach, so zu sterben, doch nicht aus Liebe, die ich zu ihm zu haben glaubte, sondern um in so kurzer Zeit von den großen Gütern zu genießen, die es im Himmel gab, wie ich las. So tat ich mich mit diesem Bruder zusammen, um zu beraten, welches Mittel es dazu gäbe. Wir kamen überein, uns ins Land der Mauren aufzumachen und aus Liebe zu Gott zu bitten, uns dort zu köpfen.“[1] Ob die beiden tatsächlich ausrissen, wobei ein Onkel sie auf der Brücke am Stadtrand einfing, wie oft erzählt wird, bleibt offen.

Dann beschlossen die Geschwister, Einsiedler zu werden. „In einem Garten, den es zu Hause gab[2], versuchten wir, so gut es ging, Einsiedeleien zu bauen, indem wir kleine Steine aufschichteten, die aber bald wieder einfielen; so fanden wir keine Abhilfe für unseren Wunsch.“[3]

---

[1] V 1,4

[2] Gemeint ist der Garten des Landguts in Gotarrendura, das etwa zwanzig Kilometer nördlich von Avila lag, welches die Familie neben dem geräumigen Stadthaus in Avila besaß. Ihr Stadthaus war die ehemalige Münzpräge.

[3] V 1,5

Wenn sie mit anderen Mädchen spielte, bauten sie Klöster und spielten Nonnen, was damals nicht unüblich war, gab es für die Frauen doch nur die zwei Möglichkeiten: zu heiraten und eine Familie zu gründen oder ins Kloster zu gehen.

Teresa liebte Ritterromane, also Liebes- und Abenteuerromane mit einer romantischen Heldengeschichte, die im 16. Jahrhundert sehr populär waren und die auch ihre Mutter las. Dabei musste sie Acht geben, dass es ihr Vater nicht bemerkte. Sie verbrachte, wie sie schrieb, viele Stunden am Tag und auch in der Nacht damit und wartete sehnsüchtig auf jede Neuerscheinung. Man bedenke dabei, dass zur damaligen Zeit bei Spanierinnen das Privileg, lesen und schreiben zu können, nur auf drei Prozent zutraf.

Teresas Mutter starb Ende 1528 nach der Geburt der jüngsten Tochter Juana mit erst 33.

„Ich erinnere mich, dass ich kaum zwölf Jahre alt war, als meine Mutter starb.[1] Da ich zu begreifen begann, was ich verloren hatte, ging ich todtraurig zu einem Bild Unserer Lieben Frau und bat sie unter vielen Tränen, meine Mutter zu sein.“[2]

Als Teresa älter wurde, wurde sie eitel. „Als ich nun, sobald ich aus diesem Alter herauswuchs, zu begreifen begann, welche natürlichen Reize mir der Herr gegeben hatte (die dem Sagen nach zahlreich waren), da begann ich, obwohl ich dem Herrn dafür hätte danken sollen, mich all ihrer zu bedienen, um ihn zu beleidigen.“[3]

---

[1] In Wirklichkeit war sie knapp vierzehn.
[2] V 1,7
[3] V 1,8

„Ich begann, aufwändige Kleider zu tragen und mir zu wünschen, durch mein Aussehen zu gefallen, mit viel Sorge um meine Hände und Haare, mit Parfum und allen Dummheiten, derer ich dazu habhaft werden konnte – und das waren viele, denn ich war sehr eitel."[1]

Außer ein paar Cousins kamen allerdings keine Männer ins Haus. Mit ihnen steckte sie zusammen, unterhielt sich und hörte zu, wenn sie von ihren „gar nicht erbaulichen Liebeleien und Kindereien" erzählten. Sie fasste Zuneigung zu einer Cousine, die, wie sie schrieb, einen schlechten Einfluss auf sie hatte, „denn sie war bei allem, was ich als Zeitvertreib nur machen wollte, mit dabei und zog mich sogar noch tiefer hinein, da sie mich an ihren Unterhaltungen und Dummheiten beteiligte."[2] Sie liebte Klatsch und Tratsch, lernte das Schachspiel, putzte sich heraus, übte sich in Gesellschaftstanz, ritt gerne aus und ließ sich von ihren Cousins bewundern.

Doch dem allem schob ihr Vater schließlich einen Riegel vor, nachdem seine älteste Tochter María geheiratet hatte und Teresa somit ohne weibliche Aufsicht war, indem er sie mit etwa siebzehn in das Internat des Augustinerinnenklosters Santa María de la Gracia (U.L. Frau von der Gnade) in der Stadt steckte, wo junge Damen aus dem Adel erzogen wurden. Damit entzog er sie dem Einfluss der Cousins und Cousinen.

„Die ersten acht Tage dort litt ich sehr, aber mehr wegen meines Verdachts, dass man meine Eitelkeit erkannt hätte, als deshalb, weil ich mich dort befand."[3] Doch dann lebte sie sich ein. Sie war beliebt und fühlte sich wohl. Sie fand eine enge Beziehung zu der jungen Novizenmeisterin, die

---

[1] V 2,2
[2] V 2,3
[3] V 2,8

sich auch um die Klosterschülerinnen kümmerte, und ihr Einfluss wirkte sich positiv aus. „Und wenn ich eine Schwester beim Beten in Tränen geraten sah und andere Tugenden, dann wurde ich ganz neidisch auf sie; denn in diesem Punkt hatte ich ein so kaltes Herz, dass ich die ganze Leidensgeschichte hätte lesen können, ohne auch nur eine einzige Träne zu vergießen; und das bereitete mir Kummer."[1]

Teresa verbrachte eineinhalb Jahre in diesem Klosterinternat, doch dann erkrankte sie plötzlich und musste 1532 nach Hause zurückkehren. Nachdem es ihr wieder besser ging, reiste sie zu ihrer verheirateten Halbschwester María und deren Mann, die in einem Dorf in der Nähe von Avila lebten. Unterwegs besuchte sie ihrem Onkel Pedro de Cepeda, der wie ihr Vater ein konvertierter, hochgebildeter Jude war. Er war verwitwet, wollte bei den Dominikanern eintreten, wurde von ihnen jedoch abgewiesen, weil er ein Converso war. So ging er später zu den Hieronymiten, dem Hieronymusorden, die auch Conversos aufnahmen. Auch Teresa musste später, als sie ins Menschwerdungskloster von Avila eintrat, ihre jüdische Herkunft verbergen, denn die Inquisition durfte nichts davon wissen. Deshalb sprach sie in ihrer Vida nicht davon.

Ihr Onkel Pedro gab ihr Werke der damaligen spanischen Frömmigkeitsliteratur, mit der Bitte, sie ihm vorzulesen. Sie waren zwar zunächst nicht nach ihrem Geschmack, wie sie zugab, doch sie entsprach seinem Wunsch. Allmählich fühlte sie sich jedoch von ihnen angesprochen. Zudem sprach ihr Onkel mit ihr über die Vergänglichkeit und Nichtigkeit der Welt. Dies machte auf Teresa einen derartigen Eindruck, dass sie Angst bekam, „dass ich in die Hölle käme, wenn ich sterben würde. Und wenn mein

---

[1] V 3,1

Wille es auch noch nicht fertig brachte, sich dem Eintritt ins Kloster zuzuwenden, so sah ich doch ein, dass es wohl die beste und sicherste Lebensform sei, und so entschloss ich mich nach und nach, mich zum Eintritt zu zwingen."[1]

Vor der Ehe hatte sie vermutlich Angst, weil sie erlebt hatte, wie ihre Mutter, durch die vielen Geburten erschöpft, so früh gestorben war. Auch konnte sie sich kaum vorstellen, sich einem Mann unterzuordnen.

Was das Kloster betraf, so nahm dieser Gedanke zunehmend konkrete Gestalt an, wenn auch immer noch widerwillig und aus Angst vor der Hölle, um sich durch diesen Schritt die ewige Seligkeit zu sichern. Sollte sie jedoch irgendwo eintreten, dann nicht bei den Augustinerinnen, sondern im Menschwerdungskloster, in dem ihre enge und schon ältere Freundin Juana Suárez Karmelitin war. Doch der Gedanke kam und ging.

Drei Monate kämpfte sie mit sich, tat sich mit Argumenten Zwang an, fasste schließlich den Entschluss und sagte es ihrem Vater. Der wollte jedoch nichts davon wissen und meinte nur, sie könne tun, was sie wolle, wenn er gestorben sei. Da Don Alonso nicht bereit war, seine Tochter gehen zu lassen, blieb ihr schließlich nur die Flucht.

---

[1] V 3,5 Die Angst vor der Hölle war damals weit verbreitet.

Im Menschwerdungskloster in Avila

Menschwerdungskloster in Avila heute,
Wikimedia Commons, Foto: Rava Esteve, 2018

Schließlich war Terese zwanzig. Sie schreibt: „In jenen Tagen, in denen ich mit diesen Entschlüssen hin- und herging, hatte ich einen Bruder von mir überredet, ins Kloster zu gehen, indem ich ihn auf die Vergänglichkeit der Welt hinwies. Wir machten miteinander aus, an einem bestimmten Tag in aller Frühe zu dem Kloster zu gehen, wo meine Freundin war, denn das war es, zu dem es mich sehr hinzog.“[1] Welcher Bruder, Antonio oder Juan, gemeint war, ist nicht ganz klar. Ihr Lieblingsbruder Rodrigo war zuvor nach Südamerika aufgebrochen und starb ein oder zwei Jahre später am Río de la Plata im Kampf gegen Einheimische.

Teresa trat am 2. November 1535 heimlich und gegen den Willen ihres Vaters ins Menschwerdungskloster, La Encarnación, in Avila ein, wobei sie sich immer noch Gewalt antun musste, um diesen Schritt zu gehen. Ihr Vater

---

[1] V 4,1

akzeptierte schließlich ihre Entscheidung und gab dem Kloster eine beträchtliche Mitgift von 200 Dukaten.

Ein Jahr später wurde sie eingekleidet, und das Noviziat begann. Ihr Gefühlszustand wandelte sich. Sie schreibt: „Sofort [nach der Einkleidung] verspürte ich ein großes inneres Glück, in jener Lebensform zu stehen, das mich bis heute nicht mehr verlassen hat, und Gott verwandelte die Trockenheit meiner Seele in tiefste Beseligung. Alles, was mit dem Kloster zu tun hatte, machte mir Freude, und es ist wahr, dass ich manchmal zu bestimmten Stunden am Putzen war, die ich sonst auf mein Vergnügen und meine Aufmachung zu verwenden pflegte; wenn mir dann einfiel, dass ich jetzt davon frei war, überkam mich eine neuartige Freude, so dass ich erstaunt war und nicht zu begreifen vermochte, woher das kam."[1]

1537 legte sie die Profess auf Lebenszeit ab. Sie war jetzt einundzwanzig, für damalige Verhältnisse relativ alt.

Das Kloster glich einem Taubenschlag, denn die Nonnen waren nicht an die Klausur gebunden und erhielten viele Besuche. Es waren etwa 180 Nonnen, die teils ihre Dienerinnen dabeihatten. Ursprünglich war das Kloster ein „Beaterium" gewesen, ein loser Zusammenschluss frommer Frauen. Nun war man aus finanziellen Gründen darauf angewiesen, reiche Damen aufzunehmen, die eine entsprechende Mitgift mitbrachten. Teresas spätere Abneigung gegen das Mitbringen einer Mitgift, als sie ihren Reformorden gründete, hatte wohl hier ihren Ursprung.

Teresa lebte als Angehörige des niederen Adels durchaus privilegiert. Sie hatte zwei Räume auf zwei Ebenen zur Verfügung. Das untere Zimmer benutzte sie als Gebetsraum, den sie mit Bildern von Christus und den Heiligen schmückte, oben befand sich ihr Bett mit einer kleinen

---

[1] V 4,2

Küche und eigenem Kamin. Wohlhabende Nonnen genossen diese großzügigen Zellen und eigene Mahlzeiten, während arme Nonnen, die ohne Mitgift eingetreten waren, zusammen in einem großen Schlafsaal untergebracht waren, viel einfacheres Essen bekamen und zuweilen auch hungern mussten.

Nachbildung der Zelle Teresas in Menschwerdungskloster von Avila

Teresa war beliebt. Sie führte geistreiche Plaudereien im Sprechzimmer und wirkte besonders auf die noble Gesellschaft anziehend. So eroberte sie die Herzen ihrer Umwelt im Flug. Sie las die Konstitutionen der Karmelregel, um zu lernen, wie sie möglichst ein vollkommenes Leben als Karmelitin führen konnte. Schließlich hatte sie ja nicht mit Bedacht, sondern wegen ihrer Freundin den Karmel gewählt. Die ursprüngliche Regel hatte der hl. Albert von Jerusalem zwischen 1206 und 1214 für die Einsiedlergemeinschaft formuliert, die auf dem Berg Karmel in Israel lebte. 1247 approbierte sie Papst Innozenz IV, allerding in einer modifizierten Fassung, die sich bereits an die Lebensumstände in Europa anpasste. Im Laufe der Zeit wurde diese Regel gelockert. Teresa studierte also die abgemilderte Regel und erfuhr erst später, dass es eine ursprüngliche Fassung gab.

Spirituell musste sie bald Unzufriedenheit verspürt haben, denn die Gebetszeiten waren wie ein „Korsett", die starr den Inhalt der Kontemplation vorgaben, wie etwa: „Montags Sünde, dienstags Tod, mittwochs Hölle, donnerstags Gericht, freitags Passion Christi, samstags Unsere Liebe Frau und sonntags die Herrlichkeit des ewigen Lebens.

Teresa erkrankte im Herbst 1538 erneut. Sie hatte Ohnmachtsanfälle, Fieberschübe und Schmerzen, wie sie sie schon früher gehabt hatte, und sie sprach von einem „schweren Herzleiden" und andere Beschwerden. Ihre Situation war besorgniserregend, da sie immer wieder für längere Zeit bewusstlos war. Ihr Vater sorgte dafür, dass die Ärzte von Avila sich um sie kümmerten, doch die waren ratlos. Da setzte der Vater seine letzte Hoffnung auf eine Kur bei einer Heilerin, die in Becedas, einem Dorf knapp einhundert Kilometer südlich von Avila, wirkte, und holte sie dafür aus dem Kloster. Ihre Freundin begleitete sie.

Unterwegs machten sie wieder bei dem bereits erwähnten Onkel in Hortigosa Halt und reisten von dort zu ihrer Halbschwester María nach Castellanos de la Cañada weiter. Ihr Onkel gab ihr ein Buch mit dem Titel „Drittes ABC" vom Franziskaner Francisco de Osuna, das damals ein spiritueller Bestseller war und vom inneren Gebet handelte. Teresa sagte dieses Buch sehr zu, und sie betrachtete es fortan als ihr Lehrmeister.

Teresa verbrachte neun Monate bei ihrer Halbschwester Doña Maria de Cepeda, da die Behandlung bei der Heilerin erst im April beginnen konnte – vielleicht weil sie Kräuter benutzte, die zu dieser Jahreszeit nicht wuchsen. Teresa fand dort viel Ruhe und Zeit, sich in Osunas Buch zu vertiefen und das innere Beten einzuüben, und machte ihre ersten mystischen Erfahrungen.

Im Frühjahr 1539 ging sie dann zu der Heilerin, die sie, wie damals üblich, mit Tinkturen zur Herstellung des Gleichgewichts der Körpersäfte behandelte. Doch die „Kur" bekam ihr nicht, und ihre körperliche Verfassung verschlechterte sich. Sie hatte ständig Fieber, war erschöpft, hatte am ganzen Körper Schmerzen und konnte wegen Übelkeit keine feste Nahrung zu sich nehmen, da man ihr fast einen Monat lang täglich ein Abführmittel verabreicht hatte. Ihr Herzleiden hatte sich ebenfalls verschlechtert. Sie war nur noch Haut und Knochen und hatte Krämpfe. Zudem wurde sie depressiv.

Trotzdem fand sie noch irgendwie die Kraft, die Messe zu besuchen und beim Dorfpfarrer regelmäßig zu beichten. Dieser Dorfpfarrer fasste eine starke Zuneigung zu Teresa und sie zu ihm. Obwohl es bei der Enthaltsamkeit zu keinem körperlichen Kontakt kam, so war sie selbst nicht ganz unschuldig an der Situation. Der Pfarrer gestand ihr schließlich, dass er mit einer Frau aus dem Dorf zusammenlebte, die ihn mit einem Venus-Amulett verzaubert hatte. Teresa sah ihre Aufgabe nun darin, ihn zur Rückkehr zu bewegen. Schließlich gab er ihr das Amulett, das sie sofort in den Fluss warf. Der Pfarrer verstieß daraufhin die Frau und tat Buße. Ein Jahr später starb er.

Im Juli brachte der Vater sie in schlechter Verfassung wieder nach Avila zurück. Ihre Situation wurde mit der Zeit lebensbedrohlich, und die Ärzte erklärten sie für verloren. Sie hatte Krämpfe und fiel schließlich in ein viertägiges Koma. „In der folgenden Nacht befiel mich nämlich ein Lähmungsanfall, so dass ich vier Tage lang oder kaum weniger bewusstlos war. Dabei gaben sie mir das Sakrament der Letzten Ölung und rechneten stündlich, ja jeden Augenblick mit meinem Tod und beteten mir ununterbrochen das Credo vor, wie wenn ich etwas davon verstanden hätte. Zeitweise hielten sie mich schon für tot, denn später habe ich noch das Wachs auf den Augenlidern gefunden.“[1]

Im Menschwerdungskloster schaufelte man bereits ihr Grab, doch ihr Vater gab die Hoffnung nicht auf. Er meinte, noch einen leichten Puls zu spüren, den aber die anderen nicht wahrnahmen, und ließ nicht zu, dass sie begraben wurde. Dadurch rettete er ihr das Leben.

Da man Teresa wegen des Widerstands ihres Vaters nicht beerdigen konnte, hielten Verwandte und Mitschwestern drei Tage und Nächte lang die „Totenwache“ für Teresa. Ihr Bruder schlief einmal dabei ein, und ihr Bett fing an der Kerze Feuer.

Am vierten Tag kam Teresa wieder zu sich und griff erschrocken nach dem Wachs auf ihren Augen. Sie lag „zusammengerollt wie ein „Wollknäuel“ da, konnte kaum schlucken, und war in einem beklagenswerten Zustand. Dies alles dürfte sich um Maria Himmelfahrt herum (Mitte August) 1539 abgespielt haben, als Teresa 24 Jahre alt war. Teresa kehrte wenig später in ihr Kloster zurück.

Ihre Lähmung hielt fast acht Monate an. Sie erzählt, sie hätte nur noch den Finger der rechten Hand bewegen können und am ganzen Körper unerträgliche Schmerzen gehabt. Das ging so bis Ostern (6. April 1540). Dann besserte sich ihr Zustand etwas, aber ihre Lähmung blieb fast

---

[1] V 5,9. Das bezog sich auf den Brauch in Kastilien, die Augen des Verstorbenen mit einigen Wachstropfen zu verschließen.

weitere drei Jahre. Sie schreibt: „Als ich auf allen vieren zu kriechen begann, pries ich Gott. Die ganzen Jahre ertrug ich mit großem Gleichmut und, abgesehen von jener Anfangszeit, sogar mit großer Freude; denn verglichen mit den Schmerzen und Qualen der ersten Zeit kam mir alles wie nichts vor. Ich war ganz ergeben in den Willen Gottes, auch wenn er mich immer so gelassen hätte.“[1]

Ganz allmählich gewann sie die Kontrolle über ihre Gliedmaßen zurück und lerne wieder gehen. Auch wollte sie wieder allein sein, denn in ihrem Krankenzimmer herrschte ein ständiges Kommen und Gehen. Nicht nur ihre Mitschwestern kamen, um ihren Rat einzuholen, sondern auch Besucher von außerhalb. Dann mussten die Schwestern sie mühsam ans Sprechgitter tragen.

Sie schrieb ihre Heilung dem Heiligen Josef zu, den sie als ihren besonderen Patron erwählte. Sie beichtete und kommunizierte häufig, übte sich im inneren Beten und las gute Bücher.

Teresa litt ihr ganzes Leben lang immer wieder an Symptomen wie Übelkeit, Ohnmachtsanfällen, Schwächezuständen, Herzkrankheiten und Fieber. Eine Diagnose blieb wage. Heute vermutet man, dass sie eventuell an Brucellosis oder Maltafieber gelitten hat.

Als sie wieder so weit hergestellt war, dass sie ihr normales Ordensleben führen konnte, stellte sich die innere Zerrissenheit wieder ein. Die weltlichen Dinge hielten sie immer noch gefangen. Teresa ließ sich erneut von der Außenwelt ablenken und war häufig bei Besuchern am Sprechgitter zu finden. Sie erzählt, dass sie dadurch das innere Beten verloren und weder den Genuss an Gott noch an der Welt gefunden habe. „Ich führte nun ein äußerst zermürbendes Leben, denn beim Beten erkannte ich

---

[1] V 6,2

meine Verfehlungen noch klarer. Einerseits rief Gott mich immer wieder, andererseits lief ich der Welt nach. Alles, was mit Gott zu tun hatte, machte mich ganz glücklich, aber zugleich hielten mich die weltlichen Dinge gefangen. Es sah so aus, als wollte ich diese beiden Gegensätze miteinander in Einklang bringen – wo das eine dem anderen so widerspricht –, wie es geistliches Leben und sinnenhafte Vergnügungen und Freuden und Zersteuungen sind. Mit dem inneren Beten hatte ich große Plage, weil der Geist nicht als Herr, sondern als Sklave wirkte. So konnte ich mich nicht in mein Inneres einschließen (worin die ganze Methode bestand, die ich beim Beten hatte), ohne zugleich tausend Nichtigkeiten mit einzuschließen. So verbrachte ich viele Jahre, so dass ich jetzt nur so staune, was ein Mensch durchhält, um weder das eine noch das andere aufzugeben.“[1]

In dieser Zeit erkrankte ihr Vater. Teresa ging nach Hause, um ihn zu pflegen, doch er starb am 24. Dezember 1543. Teresa nahm ihre jüngste Schwester Juana, die inzwischen sechzehn war, für einige Jahre in ihrer Zelle auf, bis sie heiratete. Ihr Vater hatte lauter Schulden hinterlassen, und die Erbstreitigkeiten unter den Geschwistern zog sich viele Jahre hin.

---

[1] V 7,17

Die Bekehrung

Kleine Holzskulptur des Schmerzensmannes (Ecce Homo)

Als Teresa 39 war, erlebte sie während der Fastenzeit 1554 eine Bekehrung. „Meine Seele lebte schon ganz müde dahin, aber die schlechten Gewohnheiten, die sie an sich hatte, ließen sie nicht in Ruhe, obwohl sie das wollte. Da geschah es mir, dass ich eines Tages beim Eintritt in den Gebetsraum ein Bild sah, das man zur Verehrung dorthin gebracht und für das Fest, das im Haus gefeiert wurde, aufgestellt hatte. Es war das Bild eines ganz mit Wunden bedeckten Christus und so andachtserweckend, dass es mich beim Anblick zuinnerst erschütterte, ihn so zu sehen, denn es stellte gut dar, was er für uns durchlitten hatte. Das, was ich empfand, weil ich mich für diese Wunden kaum dankbar gezeigt hatte, war so gewaltig, dass es mir war, als würde es mir das Herz zerreißen. Aufgelöst in Tränen warf ich mich vor ihm nieder und flehte ihn an, mir ein für allemal Kraft zu geben, ihn nicht mehr zu beleidigen."[1]

Teresa spricht von einem Bild. Man geht heute davon aus, dass es sich dabei um eine kleine Holzskulptur handelte, die den Schmerzensmann darstellt.

Teresa schrieb, dass es seither viel besser um sie stand. Sie las in dieser Zeit die Bekenntnisse des heiligen Augustinus, die sie inspirierten.

Teresa erfuhr – wie es in der damaligen Zeit üblich war – viele Visionen, Einsprachen und Ekstasen, über die sie in ihren „Geistlichen Erfahrungsberichten" schreibt.

Besonders bekannt ist ihre Vision von der Herzdurchbohrung: „Es gefiel dem Herrn, dass ich dabei einige Male folgende Vision sah: Ich sah einen Engel neben mir, an meiner linken Seite, und zwar in leiblicher Gestalt, was ich sonst kaum einmal sehe. […] Er war nicht groß, eher klein, sehr schön, mit einem so leuchtenden Antlitz, dass er allem Anschein nach zu den ganz erhabenen Engeln gehörte, die so aussehen, als stünden sie ganz in Flammen. Es müssen wohl die sein, die man Cherubim nennt […] Ich sah in seinen Händen einen langen goldenen Pfeil, und an der Spitze dieses Eisens schien ein wenig Feuer zu züngeln. Mir war, als stieße er es mir einige Male ins Herz, und als würde es mir bis in die Eingeweide vordringen. Als er es herauszog, war mir, als würde er sie mit herausreißen und mich ganz und gar brennend vor starker

---

[1] V 9,1

Gottesliebe zurücklassen. Der Schmerz war so stark, dass er mich diese Klagen ausstoßen ließ, aber zugleich ist die Zärtlichkeit, die dieser ungemein große Schmerz bei mir auslöst, so überwältigend, dass noch nicht einmal der Wunsch hochkommt, er möge vergehen, noch dass sich die Seele mit weniger als Gott begnügt.

Die Herzverwundung Teresas von Giovanni Lorenzo Bernini in der Kirche Santa Maria della Vittoria in Rom, zwischen 1645 und 1652 entstanden

Es ist dies kein leiblicher, sondern ein geistiger Schmerz, auch wenn der Leib durchaus Anteil daran hat, und sogar ziemlich viel. Es ist eine so zärtliche Liebkosung, die sich hier zwischen der Seele und Gott ereignet, dass ich ihn in seiner Güte bitte, es den verkosten zu lassen, der denkt, ich würde lügen.

An den Tagen, an denen dies andauerte, war ich wie benommen. Am liebsten hätte ich nichts sehen und reden, sondern mich nur meinem Schmerz hingeben wollen, der für mich größere Herrlichkeit bedeutete als alle zusammen, die es in der geschaffenen Welt gibt.

Das erlebte ich einige Male, sobald der Herr wollte, dass mich diese Verzückungen überkamen; sie waren so gewaltig, dass ich mich gegen sie nicht wehren konnte, nicht einmal, wenn ich unter Leuten weilte, so dass sie zu meinem großen Leidwesen allmählich bekannt wurden."[1]

Anfangs wusste Teresa nicht, wie sie diese mystischen Erfahrungen einordnen sollte, ob sie von Gott kamen oder vom Bösen, der ihr etwas vorgaukelte. Sie berichtet in ihrer Vida, wie die ersten Erfahrungen dieser Art sie in Angst und Schrecken versetzten. Sie war zutiefst verunsichert. Unter den Nonnen war keine, mit der sie sich darüber austauschen konnte. Also suchte sie nach einem geeigneten Beichtvater, der sie verstand und beraten konnte. Da begegnete sie dem theologisch hochgebildeten Edelmann Francisco de Salcedo, dem sie schließlich am Sprechgitter von ihren Erlebnissen erzählte, doch wie groß musste ihre Verunsicherung gewesen sein, als dieser, nachdem er sich mit einem Weltpriester beraten hatte, zu der Auffassung kam, dass diese Erfahrungen vom Bösen stammten. Danach fand sie glücklicherweise bei den Jesuiten, die erst vor kurzem ein Kollegium in Avila gegründet hatten, den passenden geistlichen Führer, der ihre

---

[1] V 29, 13 f. Diese Erfahrung ist seit Augustinus als Transverberation (Herzverwundung) in der Mystik bezeugt. Auch Johannes vom Kreuz schilderte sie, wobei er sie allerdings als eine geistige Vision beschrieb.

Erfahrungen einordnen konnte. Teresa hatte im Laufe ihres Lebens verschiedene Beichtväter aus unterschiedlichen Orden, die oft hochgelehrte Männer waren.

Bekannt ist auch Teresas Höllenvision Anfang 1560, die zu einem Schlüsselerlebnis wurde. Sie schreibt: „Lange Zeit nachdem mir der Herr schon viele der Gnaden, die ich berichtet habe, und noch weitere, sehr große erwiesen hatte, fand ich mich, als ich eines Tages beim inneren Beten war, mit einem Mal ganz so vor, als sei ich, wie mir schien, ohne zu wissen wie, in die Hölle versetzt. Ich begriff, dass der Herr mir den Ort sehen lassen wollte, den mir die bösen Geister dort schon bereitet hatten und den ich wegen meiner Sünden verdient hatte. Das dauerte nur ganz kurze Zeit, aber auch wenn ich noch viele Jahre zu leben hätte, scheint es mir unmöglich, es zu vergessen.

Der Eingang kam mir wie eine ganz lange, schmale Gasse nach Art eines ganz niedrigen, dunklen, engen Backofens vor. Der Boden schien mir aus ganz schmutzigem, schlammigem Wasser von pestartigem Gestank zu bestehen, und mit unzähligem hässlichem Ungeziefer darin. Am Ende befand sich ein in die Wand eingelassener Hohlraum, wie ein Wandschrank, in den ich mich in großer Enge hineingepresst sah.

Das andere aber kann man, glaube ich, nicht einmal ansatzweise so ausdrücken, wie es ist, und auch nicht verstehen. Ich verspürte ein Feuer in meiner Seele, das so beschreiben zu können, wie es ist, mein Verstand nicht fertig bringt. Und obwohl ich in diesem Leben äußerst heftige Schmerzen durchgemacht habe, ja, den Ärzten zufolge sogar die schlimmsten, die man hier auf Erden durchmachen kann […], waren da die körperlichen Schmerzen so unerträglich, dass das alles nichts ist verglichen mit dem, was ich da verspürte, und dazu noch zu

sehen, dass sie ohne Ende sein und niemals aufhören sollten. […]

Ich war so entsetzt und bin es auch jetzt noch, während
ich es aufschreibe, obwohl es schon fast sechs Jahre her
ist, und es ist so, dass mir dabei vorkommt, als würde in
diesem Moment vor lauter Angst die natürliche Körper-
wärme ausfallen."[1]

Diese Vision drückt sehr plastisch die Höllenvorstellung
und Höllenangst der damaligen Zeit aus. Aus dieser
schrecklichen Erfahrung erwuchs bei Teresa der Wunsch,
nicht nur ihre eigene Seele, sondern auch andere zu retten
und am laxen Klosterleben etwas zu verändern. Die Miss-
stände im Kloster waren ihr schon lange ein Dorn im
Auge. Der Gedanke an ein Reformkloster nahm zunehmend Gestalt an. So kam es zu dem sogenannten „Grün-
dungsabend".

---

[1] V 32, 1 f. und 4

Das Kloster San José

An einem Oktoberabend im Jahr 1560 hatte Teresa, sicherlich nicht zum ersten Mal, einige Mitschwestern, darunter auch Verwandte und Freundinnen in ihrer geräumigen Zelle versammelt.

„Da ergab es sich eines Tages, als ich gerade mit einer Person beisammen war, dass diese zu mir und den anderen sagte, ob es denn nicht möglich wäre, ein Kloster gründen zu können, wenn wir schon nicht so wären, dass wir Schwestern nach Art der Unbeschuhten sein könnten.“[1]

Damit war der Gedanke in den Raum geworfen. Gemeint war die Rückkehr des Ordens zu seinem Ursprung, der ein eremitisch-kontemplativer war, und die Anwendung der ursprünglichen Ordensregel, die im Laufe der Zeit gemildert worden war. Es gab auch in anderen Orden diese Reformbemühungen, die sogenannten Barfüßerorden, die als äußeres Zeichen anfangs oft keine Schuhe trugen, wie etwa die Franziskaner.

Teresa sprach noch am selben Abend mit ihrer guten Freundin, der Adeligen Doña Guiomar de Ulloa darüber, die sofort ihre Unterstützung zusagte.

Trotzdem zögerte Teresa noch, da ihr dieses Unternehmen vermessen erschien. Doch dann kam der Befehl „von oben“. So berichtet sie in ihrer Vida: „Eines Tages nach der Kommunion trug mir Seine Majestät[2] eindringlich auf, mich mit aller Kraft dafür einzusetzen, wobei er mir große Versprechungen mache, dass die Gründung des Klosters nicht unterbleiben und ihm darin sehr gedient

---

[1] V 32,10 Mit „Unbeschuhte“ war das Reformkloster der Franziskanerinnen gemeint.

[2] Teresa spricht oft von Jesus oder Gott als von „Seiner Majestät“.

würde, und dass es nach dem heiligen Josef benannt werden solle, und dass an der einen Pforte er und an der anderen Unsere Liebe Frau über uns wachen, und dass Christus unter uns weilen würde, und dass es ein Stern wäre, der großen Glanz ausstrahlte [...]"[1]

Sie besprach ihr Vorhaben mit ihrem Beichtvater, ihrem Oberen, anderen bedeutenden Persönlichkeiten und dem Provinzial Ángel de Salazar, die sie darin bestärkten. Gleichzeitig begannen sich die Gerüchte in der Stadt und im Kloster zu verbreiten.

„Es hatte noch nicht richtig begonnen, im Ort bekannt zu werden, als die große Verfolgung über uns hereinbrach, die sich nicht nur eben kurz beschreiben lässt: Geschwätz, Gelächter und Gerede, dass es Unsinn sei: über mich, dass es mir in meinem Kloster doch gut gehe; über meine Gefährtin kam eine solche Verfolgung, dass sie sie geradezu fertigmachten."[2] „Die Schwätzereien und der Aufruhr in meinem eigenen Kloster waren so groß, dass es dem Provinzial schwer ankam, sich gegen alle zu stellen, und er deshalb seine Meinung änderte und es nun nicht mehr zulassen wollte."[3]

Teresa setzte das sehr zu. Mehrfach musste sie vor der Priorin des Menschwerdungsklosters erscheinen und Rechenschaft ablegen. „Ich war nun in meinem ganzen Kloster sehr schlecht angesehen, weil ich ein abgeschlosseneres Kloster errichten wollte. Sie sagten, dass ich Schande über sie brächte, dass man Gott doch auch dort dienen könne. [...] Einige sagten, dass sie mich ins Gefängnis

---

[1] V 32,11
[2] V 32,14 Mit der Gefährtin war Doña Guiomar de Ulloa gemeint.
[3] V 32,15

[gemeint ist das Klostergefängnis] werfen würden; andere, ganz wenige nur, traten ein wenig für mich ein."[1]

Schließlich suchte Doña Guiomar de Ulloa den Rat des Dominikaners Pedro Ibáñez, der ein angesehener Theologe war. Dieser verkündete schließlich, dass Gott mit der Gründung eines neuen Klosters sehr gedient sei, und die beiden Frauen sollten sich beeilen, ihr Vorhaben zum Abschluss zu bringen. Es fehlte noch die Unterschrift des Ordensoberen Salazar, doch dieser entzog ihr jetzt seine Zustimmung, und so stand sie wieder am Anfang.

Da beschloss Teresa abzuwarten. „Damals setzten bei mir stärkere Aufwallungen von Gottesliebe ein, von denen ich schon gesprochen habe, und größere Verzückungen, auch wenn ich darüber schwieg und niemandem von diesem vielfachen Gewinn erzählte."[2] „Ich hielt mich also fünf oder sechs Monate lang still, ohne mich mit diesem Geschäft zu befassen oder darüber zu sprechen […], doch konnte man mir den Gedanken nicht nehmen, dass es zustanden kommen müsse."[3]

Dann fand sie im neuen Rektor des Jesuitenkollegiums in Avila einen neuen Gesprächspartner, der sie sehr ermutigte. Es wurde beschossen, die nächsten Schritte nicht mehr öffentlich, sondern in aller Heimlichkeit zu tun. Ihre Schwester Juana, die inzwischen verheiratet war, und deren Mann übernahmen den Kauf eines Hauses, denn hätte Teresa unterzeichnet, wäre es erneut zum Skandal gekommen. Sie verbarg ihre Schritte vor den Mitschwestern, der Priorin und auch vor dem Ordensoberen, womit sie gegen das Gelübde des Gehorsams verstieß.

---

[1] V 33,2
[2] V 33,4
[3] V 33,7

Ein Problem waren die fehlenden Mittel. Da kam unerwartet Geld von ihrem Bruder Lorenzo, der in Lateinamerika ein reicher Mann geworden war. Es reichte, um das neue Haus herrichten zu lassen. Kopfzerbrechen bereitete ihr, dass das Haus klein war und wenig Platz bot, doch dann entschloss sie sich, es so herrichten zu lassen, dass man darin leben konnte, „ohne Verputz, gerade so, dass es für die Gesundheit nicht schädlich war."[1]

Das neue Kloster sollte den Namen des Heiligen Josef, San José, tragen, den sie zeitlebens sehr verehrt hatte. Viele ihrer Klöster tragen diesen Namen. Bis zum Einzug ins neue Kloster verging jedoch noch ein Jahr.

In Toledo gab es eine Dame, eine Angehörige des Hochadels, die wegen des Todes ihres Mannes sehr niedergedrückt war. Sie hatte von Teresa gehört und wollte sie zu sich holen, damit sie ihr Trost spendete. Da Teresa im Menschwerdungskloster nicht in Klausur lebte, war das kein Problem. Die Dame, Doña Luisa de la Cerda, wandte sich an den Provinzial Salazar, den sie gut kannte, um es zu ermöglichen. Der Provinzial schrieb an Teresa, sie möge sich mit einer Gefährtin sofort zu der Dame begeben. Teresa verbrachte von Anfang Januar bis Ende Juni oder Anfang Juli 1562 in deren Haus.

Im Menschwerdungskloster sollte bald die Priorinnenwahl stattfinden. Sie erfuhr, dass viele ihrer Mitschwestern sie gerne zur Priorin wählen würden. Teresa wollte dieses Amt in dem riesigen Kloster nicht, denn es hätte eine enorme Arbeitslast bedeutet. So war sie froh, gerade nicht dort zu sein, und schrieb ihren Mitschwestern, sie mögen ihr nicht ihre Stimmen geben, doch schließlich rang sie sich durch, doch zur Wahl dort zu sein.

---

[1] V 33,12

In der Nacht, in der sie in ihr Kloster zurückkkam, traf bei Doña Guiomar eine Depesche mit dem Breve aus Rom mit der Erlaubnis zu der Klostergründung ein. Der Bischof, der sich glücklicherweise gerade in der Stadt aufhielt, war damit einverstanden, das neue Kloster unter seine Jurisdiktion zu nehmen. „Alles geschah unter strenger Geheimhaltung, denn wenn es nicht so gewesen wäre, hätte man gar nichts tun können, da die Leute dagegen waren, wie sich später herausstellte."[1]

Teresa kümmerte sich um die Fertigstellung des Hauses. Das Kloster wurde in aller Stille mit der Einsetzung des Allerheiligsten konstituiert, und am 24. August 1562 erhielten vier Nonnen das Ordenskleid, die alle ohne die damals übliche Mitgift eintraten.

Als bekannt wurde, dass das Kloster in aller Heimlichkeit gegründet worden war, stellte sich massiver Widerstand ein. Die Stadträte kamen zusammen und wollten dem neuen Kloster ihre Zustimmung verweigern. Man müsse es wieder auflösen. Alle Ordensgemeinschaften sandten jeweils zwei Abgesandte, um sich zu beraten, und kamen zu demselben Schluss. „Es war der Aufruhr im Volk so groß, dass man über nichts anderes mehr sprach, und so gab es nichts anderes mehr, als mich zu verurteilen und zum Provinzial und zu meinem Kloster zu rennen! Ich empfand über das, was sie von mir sagten, nicht mehr Schmerz als wenn sie es nicht sagten, wohl aber Angst, ob man es wohl auflösen müsste."[2]

Was aber regte die Bürger und Ordensleute an der kleinen Gründung so auf? Es war die Armut, die in diesem Kloster herrschen sollte, denn es sollte nur von Almosen und nicht von der Mitgift der Nonnen und sonstigen festen Ein-

---

[1] V 36,3
[2] V 36,16

künften leben. Das Fehlen von Einkünften bedeutete aber, dass genügend Almosen hereinkommen mussten. Die strenge Klausur und der Verzicht auf den Umgang mit Weltleuten, wie man es ihm Menschwerdungskloster gewohnt war, war ihnen fremd. Auf die Herkunft der Nonnen wurde nicht geachtet. Auch das war reformerisch. Zudem mochte es ihnen ein Dorn im Auge gewesen sein, dass eine Frau es wagte, ein Reformkloster zu gründen. Hinzu kam, dass das Menschwerdungskloster einen guten Ruf in Adelskreisen hatte. Viele vornehme Damen waren dort Nonne. Da war es eine unerhörte Provokation, dass Teresa die Zustände in aller Öffentlichkeit kritisierte, indem sie eigenmächtig ein Reformkloster gründete. Nur der Dominikaner Domingo Báñez, einer der bekanntesten Theologen seiner Zeit und einer von Teresas Beichtvätern, verteidigte sie und meinte, dass man das Kloster ja nicht gleich schließen müsse, sondern die Sache nochmals prüfen sollte.

Am 12. September entschlossen sich die Stadträte, an den Königlichen Rat zu appellieren und die Angelegenheit der Nonnen von San José in Madrid entscheiden zu lassen. Der Provinzial Ángel de Salazar war weder gegen noch für Teresa. Die Entscheidung zog sich mehrere Monate hin, doch es gab Wohlgesonnene am königlichen Hof, die sich schließlich durchsetzten. Der Stadtrat beruhigte sich, und man fand den Kompromiss, dass San José bestehen bleiben könnte, wenn es feste Einkünfte hätte. Doch Teresa ließ sich von ihrem Grundsatz nicht abbringen. Schließlich stimmte der Stadtrat auf die Fürsprache einflussreicher Förderer des Klosters hin zu, und es kehrte endlich Ruhe ein.

Nach der offiziellen Gründung beorderte die Priorin Teresa wieder in ihr Stammkloster zurück, um Rechenschaft über ihr Tun abzulegen, doch sie durfte im Dezember

1562 nach San José umsiedeln. Auch der Provinzial
lenkte schließlich ein. Teresa nannte sich fortan Teresa de
Jesús.

Im Laufe der Zeit wurden mehrere Schwestern aufgenom-
men. Die einstigen Verfolger verwandelten sich nun in
Unterstützer und gaben dem Kloster Almosen, und das so
großzügig, dass es den Nonnen an nichts Nötigem mehr
fehlte.

In San José wurde strenge Klausur beachtet. „Wir beo-
bachteten die Regel Unserer Lieben Frau vom Karmel,
und zwar vollständig ohne Milderung, wie von Frater
Hugo, Kardinal von Santa Sabina angeordnet, gegeben im
Jahr 1248, im fünften Jahr des Pontifikats des Papstes Innozenz IV."[1] Es gab kein Fleisch, und acht Monate im
Jahr wurde gefastet. Die Reformklöster sollten klein sein.
Einmal spricht sie von dreizehn, ein andermal von fünf-
zehn Schwestern. Alle Schwestern sollten einander
gleichgestellt sein und Hausarbeiten verrichten. Der
Mensch sollte sich im Orden entsprechend seiner Veran-
lagungen entfalten können. Das Kloster sollte von Almo-
sen leben. Das Ziel war die Konzentration auf das innere
Gebet und das „Ich-Sterben", wie sie es nannte.

---

[1] V 36, 26 Die Fassung stammte aus dem Jahr 1247, nicht 1248.

Die Klostergründerin

Zunächst dachte Teresa wohl nur an ein Kloster, und das hatte sie mit San José nun gegründet. Dort konnte sie ihre wahre Berufung leben, und hier hätte es enden können.

Dass Teresa weitere reformierte Klöster gründete, ergab sich allmählich durch verschiedene Situationen. Hinzu kam auch noch ein apostolischer Aspekt. Teresa erfuhr von den Auswirkungen der Kirchentrennung. „Nachdem ich von den Schäden in Frankreich durch diese Lutheraner erfahren hatte und wie sehr diese unheilvolle Sekte im Anwachsen war, setzte mir das sehr zu."[1]

Sie schrieb, dass sie dem etwas entgegensetzen wollte, indem sie die Evangelischen Räte treu lebte, und erklärt sich bereit, ihr Leben tausendmal hinzugeben, um eine der vielen Seelen zu retten, die verloren gingen. Dabei muss man bedenken, dass Teresa keine direkte Kenntnis vom Protestantismus hatte und nur das verzerrte Bild kannte, das in Spanien im Umlauf war.

Teresas Brüder waren wie viele Landsleute nach Lateinamerika ausgewandert, da sie dort freier leben konnten und zu Ruhm und Geld kommen wollten. So dachte sie auch an die „vielen Millionen Seelen der Indios" (die Einwohner Lateinamerikas), wodurch diese apostolische Dimension noch erweitert wurde.

Teresa verbrachte fünf Jahre in San José, was sie als die ruhigste Zeit in ihrem Leben bezeichnete. Schließlich wuchs die Gemeinschaft auf dreizehn Nonnen an, die sie nicht überschreiten wollte.

Der italienische Generalobere der Karmeliten, Giovanni Battista Rossi (spanisch: Rubeo), residierte in Rom und

---

[1] CV 1,2

war noch nie nach Spanien gekommen. Doch nun kam er zu einer Visitation. Teresa sah diesem Besuch mit Sorge entgegen, da ihr Kloster gegen alle Regel nicht dem männlichen Ordenszweig der Beschuhten, sondern dem Bischof Don Álvaro de Mendoza unterstellt war und sie ihn nicht um Erlaubnis gefragt hatte.

Mitte Februar 1567 kam Rubeo nach Avila und auch nach San José. Teresa legte über alles Rechenschaft ab. Rubeo gefiel die Rückkehr zur ursprünglichen Regel. Er zeigte Interesse daran, dass dieser Neuanfang gut voranging, und erteilte Teresa weitreichende Vollmachten, um noch mehr Frauenklöster zu gründen.

Teresa war es zunehmend ein Bedürfnis, dass auch Männerklöster gegründet wurde. Deshalb schrieb sie Rubeo einen Brief mit dieser Bitte. Tatsächlich schickte er ihr die Genehmigung zur Gründung von zwei Männerklöstern, vorausgesetzt, der Provinzial würde zustimmen. Auch Salazar lenkte schließlich ein.

Johannes vom Kreuz
und das erste Männerkloster in Duruelo

Johannes vom Kreuz, Gemälde von unbekanntem Maler, 1656

An dieser Stelle kam Johannes vom Kreuz ins Spiel. Der 24-jährige Karmelit, der soeben sein drittes Studienjahr in Philosophie und Theologie an der Universität in Salamanca beendet hatte, frisch zum Priester geweiht worden war und in seinem Heimatort seine Primiz gefeiert hatte, war zu dieser Zeit in seinem Heimatkloster San Ana in Medina del Campo. Ihn trieb ebenfalls der Wunsch nach einem strengeren Ordensleben um, und er liebäugelte mit dem Gedanken, zu den Kartäusern überzutreten.

Teresa fragte sich, mit wem sie den Anfang für die Männerklöster machen sollte. „Wiewohl ich nun angesichts der Genehmigungen beruhigt war, wuchs meine Sorge umso mehr, da es, soviel ich erkannte, in der Provinz wohl keinen Bruder gäbe, um es ins Werk zu setzen, und auch keinen Laien, der mit so etwas beginnen wollte. Ich tat nichts anderes als den Herrn zu bestürmen, dass er wenigstens einen Menschen dazu aufrüttelte. Ein Haus hatte ich genauso wenig, noch etwas, um eines zu erwerben. Da stand ich also da, eine armselige Unbeschuhte Nonne, ohne Hilfe von irgendwo her, außer der vom Herrn, beladen mit Vollmachten und guten Wünschen, aber ohne irgendeine Möglichkeit, sie ins Werk zu setzen!"[1]

Zunächst fielen ihr die Jesuiten ein, die sich 1551 in Medina niedergelassen hatten und mit denen sie schon früher seelsorgliche Gespräche geführt hatte. So schrieb sie dem dortigen Rektor. Die Jesuiten taten alles, was sie tun konnten, um Genehmigungen einzuholen. Zudem erhielt sie von Julián de Avila, dem Hauskaplan ihres Klosters, Unterstützung, der sie künftig bei ihren Gründungen begleiten sollte.

Hinzu kam, dass die Aufnahmekapazität in San José ausgereizt war. So war auch ein weiteres Frauenkloster nötig. Die Neugründung sollte in Medina del Campo geschehen. Teresa hatte dem Prior der Karmeliter von San Ana, Antonio de Heredia, in Medina geschrieben, ihr doch ein Haus zu kaufen. „Er sprach darüber mit einer Dame, die ihm sehr ergeben war und ein Haus besaß, das bis auf einen Raum zwar ganz eingestürzt war, aber günstig lag. Sie war so gut, dass sie ihm versprach, es ihm zu verkaufen. […] An diesem Haus fehlten so viele Wände, dass wir aus diesem Grund ein anderes anmieteten, während jenes

---

[1] F 3,6

hergerichtet wurde, da noch ziemlich viel daran zu machen war."[1]

Teresa nahm zwei Schwestern aus San José und vier aus dem Menschwerdungskloster mit, und die Gruppe machte sich zusammen mit dem Kaplan Julián de Avila am 15. August auf den Weg nach Medina del Campo. Sie kamen nachts an. Doch das Haus, das Antonio besorgt hatte, war völlig verfallen. Trotzdem wurde das Allerheiligste dort eingesetzt und damit das Kloster gegründet. Bis das Haus bewohnbar war, brauchte die kleine Gemeinschaft ein Mietshaus. Schließlich bot ihnen ein Kaufmann an, ins obere Stockwert seines Hauses zu ziehen. Sie erhielten von der Bevölkerung Almosen und wurden von einer Dame unterstützt. Auch das neue Kloster in Medina hieß San José.

Währenddessen besprach sich Teresa über ihr Männerkloster mit Pater Antonio. Sie berichtet: „Er freute sich sehr, als er davon erfuhr, und versprach mir, der Erste zu sein. Ich nahm das als Scherz auf und sagte es ihm auch; denn, wenn er auch immer ein guter Ordensmann, zurückgezogen, den Studien sehr ergeben und ein Freund seiner Zelle gewesen war, da er ja ein Studierter war, glaubte ich doch nicht, dass er für einen derartigen Anfang geeignet wäre und den rechten Geist hätte, sowie die nötige Strenge aufbrachte, da er schwächlich und nicht dafür gemacht ist. […]

Kurz danach kam zufällig ein junger Pater vorbei, der in Salamanca studierte; er reiste mit einem Gefährten, der mir große Dinge darüber erzählte, wie dieser Pater lebt. Er heißt Fray Juan de la Cruz. Ich pries unseren Herrn, und als ich mit ihm sprach, gefiel er mir sehr; ich erfuhr von ihm, dass auch er zu den Kartäusern gehen wollte. Ich

---

[1] F 3,3

sagte ihm, was ich vorhatte, und bat ihn inständig zu warten, bis der Herr uns ein Kloster gäbe; und wie gut es doch wäre, wenn er es schon besser machen wollte, das im eigenen Orden zu tun, und um wie viel mehr dem Herrn damit gedient wäre. Als ich sah, dass ich für den Anfang bereits zwei Brüder hatte, schien mir das Geschäft schon gemacht, auch wenn ich mit dem Prior noch nicht zufrieden war."[1]

Später sollte sie ihre schlechte Meinung über Pater Antonius revidieren. Nun fehlte noch das Haus.

Sie berichtet: „Ein Adeliger aus Avila namens Don Rafael, mit dem ich vorher nie zu tun hatte, erfuhr davon – wie, weiß ich nicht, da ich mich nicht mehr daran erinnere –, dass man ein Kloster der Unbeschuhten Brüder errichten wollte. So kam er zu mir mit dem Angebot, mir in einem kleinen Dörfchen[2] mit einer Handvoll Einwohnern, keine zwanzig, glaube ich, ich weiß es jetzt nicht mehr, ein Haus zu geben, das er dort für einen Pächter hatte, der die Ernte des Pachtgetreides einbrachte, das ihm dort gehörte. Ich lobte unseren Herrn, obwohl ich mir vorstellen konnte, in welchem Zustand es wohl sein musste, und dankte ihm sehr dafür. Er sagte mir, dass es auf dem Weg nach Medina del Campo läge, ich würde auf dem Weg zur Gründung nach Valladolid geradewegs dort vorbeikommen, da würde ich es schon sehen. Ich sagte ihm, dass ich es so machen würde, und machte es auch so, als ich im Juni mit einer Begleiterin und Padre Julián Dávilla aus Avila aufbrach. [...]

Wir brachen zwar frühmorgens auf, verirrten uns aber, da wir den Weg nicht kannten. Und da der Ort kaum bekannt

---

[1] F 3,16

[2] Das Dorf hieß Duruelo und lag zwischen Avila und Salamanca, eine halbe Meile von Mancera entfernt.

ist, gab es nur wenige Hinweise auf ihn. So kamen wir an jenem Tag nur mit großer Mühe voran, zumal die Sonne heiß herunterbrannte. Als wir schon glaubten, ganz nahe zu sein, mussten wir noch einmal so weit laufen. Ich denke immer noch an die Müdigkeit und Orientierungslosigkeit, die wir auf jenem Weg erlebten. So kamen wir kurz vor Einbruch der Nacht an.

Als wir ins Haus kamen, war es in einem solchen Zustand, dass wir uns nicht getrauten, wegen des extremen Mangels an Sauberkeit und des zahlreichen „August-Gesindels" [gemeint sind Erntehelfer], die Nacht dort zu verbringen. Es wies eine brauchbare Vorhalle, ein Zimmer mit einer Zwischendecke und dem dazugehörige Dachboden und eine winzige Küche auf. Dieses Gebäude umfasste unser ganzes Kloster. Ich dachte mir, dass man in der Vorhalle die Kirche, auf dem Dachboden den Betchor, was gut ging, und im Zimmer die Schlafstätten errichten konnte. Meine Begleiterin konnte es nicht ertragen, dass ich daran dächte, dort ein Kloster einzurichten [...] und sagte deshalb zu mir: ‚Es gibt gewiss keine Menschenseele, Mutter, wie vorbildlich sie auch sein mag, die das aushalten kann; betreibt es nicht weiter.‘"[1]

Obwohl das Haus so heruntergekommen war, erklärten sich Pater Johannes und Pater Antonius bereit, dort einzuziehen. Doch bevor das geschah, nahm Teresa Johannes mit nach Valladolid, wo ein Nonnenkloster entstehen sollte. Ein Adeliger hatte ihr ein Haus mit einem großen Garten angeboten. In Valladolid musste einiges am Gebäude gerichtet werden. Nebenbei schulte sie Johannes in der neuen Lebensform.

Danach kehrte Johannes mit einem Maurer ins künftige Männerkloster nach Duruelo zurück und richtete das Haus

---

[1] F 13,2 f.

ein. Der Provinzial Alonso Gonzáles erteilte seine Zustimmung. Schließlich wurde das neue Kloster im November 1568 eingeweiht, und Johannes, der bislang Johannes vom Hl. Mattias hieß, wurde zu Johannes vom Kreuz (Juan de la Cruz) und Pater Antonio, der sein Amt als Prior in San Ana aufgegeben hatte, zu Pater Antonio de Jesús. Hinzu kam noch ein weiterer Mönch. Diese drei waren die ersten Mönche der Unbeschuhten Karmeliten.

Johannes vom Kreuz war in der Folge an vielen weiteren Klostergründungen der Unbeschuhten für Männer und Frauen beteiligt. 1572 wurde er Spiritual des Menschwerdungsklosters in Avila, von dem Teresa Priorin war, und arbeitete eng mit ihr zusammen.

Obwohl beide dasselbe Ziel im reformierten Orden verfolgten, war ihre Persönlichkeitsstruktur doch sehr verschieden. Johannes vom Kreuz[1] entstammte einer armen Weberfamilie, durfte aber an der angesehenen Universität von Salamanca studieren und war lyrisch sehr begabt. Seine mystischen Erfahrungen sind mehr introvertiert. Teresa, die keine solche Bildung besaß, war mehr praxisbezogen und weltzugewandt.

---

[1] mehr über Johannes vom Kreuz s. u.a. Ebert: Johannes vom Kreuz

Weitere Gründungen

Aus: https://www.karmelocd.de/geschichte-und-spiritualitaet/geschichte/ (15.9.2023)

Teresa schrieb in ihrem Buch der Gründungen: „Ich schreibe bei diesen Gründungen nichts von den großen Beschwernissen der Reisen, bei Kälte, unter der Sonne, mit Schnee, der manchmal den ganzen Tag ununterbrochen fiel, andere Male unterwegs verirrt, wieder andere Male mit vielen anderen Plagen und Fieberanfällen, denn, zur Ehre Gottes sei es gesagt, normal war, dass ich bei schlechter Gesundheit war, doch klar sah, dass unser Herr mir Kraft gab. Dabei geschah es mir einige Male, dass ich, wenn es zu einer Gründung ging, so viele Übel und Schmerzen verspürte, dass ich mich sehr ängstigte, da ich glaubte, noch nicht einmal in der Lage zu sein, in meiner Zelle zu bleiben, ohne mich hinzulegen, und dass ich mich an unseren Herrn wandte und unter Klagen zu Seiner Majestät sagte, warum er denn wolle, dass ich tue, was ich nicht könnte, doch Seine Majestät dann Kräfte gab, wenn auch nicht ohne Mühe, und bei dem Eifer, den er mir gab, vergaß ich anscheinend auf mich."[1]

In der Folge wird sie als „Madre Fundadora" bekannt. Häufig hatte sie keine Mittel, wenn sie eine Gründung in Angriff nahm. Ihre Gesundheit war ebenso oft angeschlagen, und sie war Anfeindungen ausgesetzt.

Die Klostergründungen erfolgten wie ein Schneeballsystem. Aus dem Menschwerdungskloster wechselten im Lauf der Zeit etwa 35 Schwestern in eine Gründung von Teresa. Aus San José kamen ebenfalls viele. Häufig fügte sie Schwestern aus verschiedenen Konventen zu einer Gründungsgruppe zusammen. Einige Schwestern wechselten so öfter die Klöster, und die Verantwortungsvollen wurden dort Priorin, wie etwa Ana de Jesús Lobera und Ana de San Bartolomé Gracia, die Teresas engste Vertraute waren und später Klöster in Frankreich und den Niederlanden gründeten. Unter ihren Mitschwestern befanden sich auch Nichten und andere Verwandte. In jeder Stadt einer Neugründung schaffte sie sich ein soziales Netzwerk.

Teresa war für ihre Gründungen viel auf Reisen. Je nach Gelände ritt sie auf einem Maultier. Sie war eine gute Reiterin, denn Reiten gehörte zur Schulung des Adels. Manchmal lieh ihr eine Freundin einen guten Sattel oder auch eine bequeme Kutsche. Oft reiste sie mit einem

---

[1] F 18,4

zweirädrigen Karren, der sie durch eine tonnenförmige Plane vor der Sonne und den Blicken schützte. Manchmal reiste sie auch mit einem vierrädrigen Wagen mit einem Ochsengespann, wenn mehrere Schwestern sie begleiteten.

Am 25. August 1573 machte sich Teresa auf den Rat eines Beichtvaters hin an die Abfassung ihres „Buches der Gründungen", das sie bis zu ihrem Lebensende fortführte und das mit ihrer letzten Gründung in Burgos 1582 endet.

1569 erfolgte die Gründung eines Frauenklosters in Toledo. Doch zunächst erhielt sie keine Erlaubnis dafür. Schließlich wurde unter viel Mühe ein Haus gefunden. Obwohl das Haus (wieder einmal) nicht bewohnbar war, nahm Teresa sofort die Einweihung des Klosters vor, indem sie das Allerheiligste in der Kirche einsetzen ließ. „Wir suchten geliehenes Gerät zur Feier der Messe und begaben uns mit einem Handwerker bei Einbruch der Nacht zur Besitzergreifung dorthin, mit einem Glöckchen, das man zur Erhebung der Hostie benutzt, da wir kein anderes hatten. Bei großer Angst meinerseits waren wir die ganze Nacht mit der Herrichtung beschäftigt; als Kirche war nichts anderes da als ein Zimmer, in das man allerdings durch ein angrenzendes Häuschen hineinkam, das noch einige Frauen hatten, das uns aber sein Besitzer dazu vermietet hatte.

Als wir alles so weit hatten und der Morgen schon zu grauen begann, wir es aber noch nicht gewagt hatten, die Frauen zu benachrichtigen, damit sie uns nicht verrieten, begannen wir, die zugemauerte Tür, die in einen winzig kleinen Innenhof führte, durchzubrechen. Als sie, noch im Bett liegend, Schläge hörten, standen sie ganz verschreckt auf. Wir hatten ziemlich zu tun, um sie zu besänftigen, doch es war schon Zeit, um gleich die Messe zu feiern; auch wenn sie unleidlich waren, fügten sie uns doch keinen Schaden zu; und als sie sahen, wofür es war, besänftigte sie der Herr![1]

Teresa besaß anfangs nur zwei Strohsäcke und eine Decke für die „Einrichtung. Sie schrieb anschaulich: „Einige Tage verbrachten wir mit den Strohsäcken und der Decke, ohne weitere Wäsche, und selbst an jenem Tag hatten wir nicht einmal ein dürres Blatt, um eine Sardine zu braten; ich weiß nicht, wen der Herr bewegte, uns ein Reisigbündelchen in die Kirche zu legen, mit dem wir uns behalfen. In den Nächten litten wir an der Kälte, die an einem hoch kroch, obwohl wir uns mit der Decke und den Mänteln aus grobem Wollzeug, die wir tragen und die uns oft nützlich sind, zudeckten.“[2]

Auch hier gab es in der Stadt zunächst Widerstand. In dieses Kloster würde Johannes nach seiner Flucht aus dem Klosterkerker von Toledo einmal Zuflucht nehmen.

Nachdem Teresa eine Gründung vorgenommen hatte, kehrte sie nach einiger Zeit nach San José zurück.

1571 kam Teresas Leben in ihrem beschaulichen Kloster San José zu einem abrupten Ende. Im Juni 1571 erfolgt eine Visitation durch den Dominikaner Pedro Fernández, der anordnete, dass Teresa die Leitung des Menschwerdungsklosters als Priorin übernehmen sollte, in dem vieles im Argen lag. Dies war nicht leicht, denn sie musste mit dem Widerstand der Schwestern rechnen, da sie nicht von ihnen gewählt worden war und zudem wegen ihrer „geistlichen Mätzchen“ das Kloster verlassen hatte.

Doch Teresa bewies viel diplomatisches Geschick. Pater Jerónimo Gracián berichtete: „Als die erste große Sitzung [das Kapitel] einberufen ist und die Nonnen voll inneren

---

[1] F 15,9 f.
[2] F 15,13

Widerstandes und böser Befürchtungen den Versammlungsraum betreten, sitzt auf dem Stuhl der Priorin nicht Teresa: Sie hatte ein wunderschönes Bild der Muttergottes auf den Stuhl gestellt und saß zu dessen Füßen. Als nun die Schwestern mit unguten Gedanken den Raum betraten und sahen, wer da den Platz der Priorin eingenommen hatte, begannen viele, wie sie später erzählten, am ganzen Körper zu zittern. Der Eindruck war so stark, dass ihre Herzen zu jedem Dienst bewegt wurden und sie bereit waren, jegliche Reform anzunehmen; das hatten die Demut und das Gebet der Mutter Teresa durch Gott, Unsere Liebe Frau und den heiligen Joseph bewirkt."[1]

Doch leicht wurde es ihr im Menschwerdungskloster nicht gemacht. Sie versuchte, mehr Gleichheit zwischen den Nonnen herzustellen. Dienerinnen und Verwandte der adligen Damen mussten den Konvent verlassen. Die lockere Handhabung der Außenkontakte wurde abgeschafft, Besuche im Sprechzimmer eingeschränkt, und Unbefugte hatten fortan keinen Zutritt mehr. Sie tat das alles behutsam. Doch es kostete sie viel Kraft, und sie litt erneut an ihren Krankheiten. Zur Unterstützung holte sie sich 1572 Johannes vom Kreuz und einen anderen Unbeschuhten als Spirituale ins Kloster.

1569 war eine Gründung für die Brüder und Schwestern in Pastrana erfolgt. Hierbei spielte die Fürstin Éboli, die Ehefrau von Ruy Gómez de Silva, eines adeligen und mächtigen Portugiesen am Hof Phillips II., eine wesentliche Rolle, die diese Klostergründung wollte. Die Dame war jedoch sehr eigenwillig, und verlangte alle möglichen Dinge, die nicht durchsetzbar waren. Auch verlangte sie von Teresa, ihr eines der wenigen Exemplare ihrer Vida zu geben. Sie versprach, dass nur sie und ihr Mann es

---

[1] Koldau: Teresa, S. 208 f.

lesen würden, doch dann wanderte es durch das ganze Haus. Alle, die lesen konnten, lasen es vor, und alle bogen sich vor Lachen.

Als der Ehemann der Fürstin Éboli im Juli 1573 starb, beschloss sie, sofort in den Karmel von Pastrana einzutreten. Pater Mariano, der die Trauerfeierlichkeiten leitete, musste seinen Habit ausziehen, und die Éboli legte ihn an. Die 33jährige, die im fünften Monat schwanger war, ließ sich mit ihrer Dienerschaft im Kloster nieder und brachte das ganze Ordensleben durcheinander. Teresas Nonnen durften nur kniend mit der Fürstin sprechen. Da wurde Teresa deutlich. Doch die Éboli meinte: „Das Kloster gehört mir!" Teresa konterte: „Aber nicht meine Nonnen!"[1]

Da ein Zusammenleben mit ihr unmöglich war, verließ Teresa mit ihren Schwestern in der Nacht vom 7. April 1574 heimlich Pastrana und ging mit ihnen nach Segovia, wo inzwischen ein weiteres Kloster entstanden war. Sie ließen alles, was die Fürstin dem Kloster einst vermacht hatte, dort zurück.

Die Fürstin reagierte sehr ungehalten, legte den Habit ab und kehrte nach Hause zurück. Sie brachte die Vida bei der Inquisition zur Anzeige, doch Pater Domingo Báñez kam dem zuvor, sammelte die verstreuten Blätter der Vida ein und übergab das Werk mitsamt einiger seiner Korrekturen und Randglossen dem geistlichen Tribunal mit der Bitte, ihn als Zensor einzusetzen, was man ihm gerne zubilligte. 1576 muss Teresa vor der Inquisition erscheinen, doch es fanden sich keinerlei Begründungen für die Vorwürfe, die man ihr machte. Somit war die Vida gerettet.

---

[1] Lorenz, Wege, S. 125

Pater Jerónimo Gracián und die Ordensstreitigkeiten

Pater Jerónimo Gracián (1545-1614), unbekannter Künstler

In dieser Zeit lernte Teresa den jungen Fray Jerónimo de la Madre de Dios Gracián kennen, der bald ihr engster Mitarbeiter und Vertrauter wurde. Gracián war 1545 in Valladolid geboren, 1570 zum Priester geweiht worden und promovierte als Doktorand an der Universität von Alcalá über die Geschichte des Karmel. Dadurch hatte er die Konstitutionen der Unbeschuhten in die Hand bekommen, die Teresa 1567 verfasst hatte. Davon sehr beeindruckt nahm er schriftlich Kontakt mit Teresa auf. 1572 trat er in das Noviziat der Unbeschuhten Karmeliten in

Pastrana, dem zweiter Männerkloster, ein, wo er 1573 seine Profess ablegte und bereits ein Jahr später zum Apostolischen Visitator der Beschuhten und Unbeschuhten Karmeliten in Andalusien ernannt wurde.

Pater Gracián war 30 Jahre jünger als Teresa. Nach ihrem Schriftverkehr begegnete sie ihm 1575 zum ersten Mal, als sie den Konvent in Beas de Segura gründete. Sie fand in ihm einen Sohn und empfand zu ihm unverhohlene Sympathie. Pater Gracián war sehr gebildet, aber von seinem Naturell her unbekümmert. In seiner weltoffenen Haltung entsprach er Teresa mehr als Johannes vom Kreuz. Teresa geriet über ihn geradezu in einen überschwänglichen Gefühlsrausch. So schrieb sie an M. Inés de Jesús, einer befreundeten Priorin in Medina del Campo: „Er ist vollkommen, einen besseren hätten wir uns nicht von Gott erbitten können. Noch nie sah ich eine derartige Vollkommenheit vereint mit solcher Milde. Für nichts würde ich diese Zeit wieder hergeben. Es waren, glaube ich, die besten Tage meines Lebens."[1] Sie legte gegenüber Pater Gracián ein Gehorsamsgelübde ab.

In seiner Funktion als Apostolischer Visitator für Andalusien erteilte er Teresa den Auftrag, auch in Sevilla ein Kloster zu gründen, was sich als äußerst schwierig erwies. Sie musste monatelang gegen den Widerstand des Erzbischofs ankämpfen und gegen den Neid und die Missgunst der lokaler Ordensleute. Schließlich aber wurde die Gründung ein Erfolg, doch sie war so anstrengend wie die Gründung ihres ersten Klosters San José in Avila.

Das Geflecht politische Verwicklungen zwischen König Philipp II., dem es erlaubt war, eigene ordensfremde Visitatoren zu bestellen und der insgesamt den strengen Reformorden wohlwollend gegenüberstand, und der Leitung

---

[1] Cta 79

durch den Ordensgeneral der Beschuhten, die von Rom unterstützt wurden, führten schließlich zu einem zunehmenden Konflikt. Dieser Streit zwischen König und Kurie hatte sich schon lange angedeutet, und die Unbeschuhten wurden schließlich zum entscheidenden Zankapfel in diesem Kampf.

Die Ordensstreitigkeiten unter den beiden karmelitischen Richtungen hatten sich schon lange angedeutet. Jetzt brachen sie in voller Härte aus. Es waren nicht nur, wie ursprünglich bewilligt, zwei Männerklöster der Unbeschuhten gegründet worden, sondern in rascher Folge weitere Konvente entstanden. Johannes war inzwischen der Leiter des Kollegs der Unbeschuhten in Alcalá und bildete Novizen aus, die an der dortigen Universität studierten. Diese jungen Priester und Theologen hatten natürlich eine ganz andere Stellung und einen viel größeren Einfluss als die auf die Klausur beschränkten Nonnen. Sie predigten, wirkten als Beichtväter und Seelsorger und lehrten an den Kollegien. Doch die Leitung der Unbeschuhten lag immer noch bei den Beschuhten. Sie konnten keine eigene Provinz mit einem Provinzial bilden. So bedeutete die Ernennung Graciáns zum Apostolischen Visitator durch Nuntius Nicolás Ormaneto eine Stärkung der Unbeschuhten. Ormaneto stand der neuen Ordensrichtung wohlwollend gegenüber. Zudem förderte der Apostolische Visitator für Kastilien, Pedro Fernández, die Unbeschuhten und hatte viele leitende Ämter mit ihnen besetzt. Deshalb fürchteten die Beschuhten um ihre Vormachtstellung.

Der Ordensgeneral Rubeo (Rossi), der wieder in Rom weilte, war verstimmt darüber, dass mehr als die beiden Männerklöster gegründet worden waren und Frauenklöster in Andalusien, die er nicht genehmigt hatte, denn er hatte nur Gründungen für Schwestern in Kastilien erlaubt.

Zudem erreichten ihn zahlreiche Klagen über die Unbeschuhten.

1575 beschloss Rubeo, dem Streit ein Ende zu bereiten, und berief ein Generalkapitel im italienischen Piacenza ein. Dort waren nur Beschuhte anwesend. Der Ton war rau. Die Unbeschuhten sollten wegen ihres Ungehorsams exkommuniziert und aller Ämter enthoben werden, die Klöster, die man in Andalusien ohne Erlaubnis des Ordensgenerals gegründet hatte, sollten aufgelöst werden, und alle anderen Klöster der Unbeschuhten sollten dem Provinzial der Beschuhten unterstellt werden. Teresa sollte sich in ein Kloster ihrer Wahl zurückziehen. Damit wollte man weitere Ordensgründungen verhindern. Jerónimo Tostado, ein erklärter Gegner der Unbeschuhten, wurde zum Generalvikar der Beschuhten und Unbeschuhten für ganz Spanien ernannt und sollte die Bestimmungen umsetzen.

Mit diesen Beschlüssen begannen Jahre erbitterter Verfolgung für die Unbeschuhten.

Im Juni 1576 reiste Teresa von Sevilla nach Toledo, um sich, wie beim Kapitel von Piacenza beschlossen, in ein Kloster ihrer Wahl zurückzuziehen. Dort verbrachte sie von Juni 1576 bis Juli 1577.

Sie schrieb: „Mir wurde, noch bevor ich nach Sevilla kam, von einem Generalkapitel […] ein Befehl überbracht […], nicht nur, dass ich nicht mehr gründen sollte, sondern dass ich das Haus, das ich für meinen Aufenthalt gewählt hätte, unter keinen Umständen mehr verlassen dürfte, was so viel wie eine Art Kerkerhaft ist. […] Doch das Schlimmste war, dass unser Pater General gegen mich aufgebracht wurde, und das war es, was mich traurig machte, und zwar ganz ohne jeden Grund, sondern wegen Information vonseiten aufbrausender Personen."[1]

Es musste sie sehr verwirrt haben, dass derselbe Rubeo, der ihr einst auftrug, so viele Nonnenklöster in Kastilien zu gründen, wie sie „Haare auf dem Kopf habe", jetzt das Gegenteil wollte. Doch sie machte das Beste daraus und nutzte die Zeit, um an dem Bericht über ihre Klostergründungen zu arbeiten und eine Schrift über das Visitationsverfahren in den Klöstern der Unbeschuhten Karmelitinnen zu verfassen, die Pater Gracián erbeten hatte. Sie genoss diese ruhige Zeit durchaus. So schrieb sie an ihren Bruder Lorenzo: „Mir geht es gut wie seit Jahren nicht mehr! Ich habe eine wunderschöne und ruhige Zelle mit einem Fenster zum Garten hin. Besucher stören mich kaum bei der Arbeit."[2]

Am 28. Mai 1577 traf Gracián bei ihr in Toledo ein. Sie führten viele spirituelle Gespräche, und Gracián ermutigte, ja befahl Teresa, ihre inneren Erfahrungen in einem größeren Werk niederzuschreiben. Zunächst sträubte sie sich und redete sich mit ihrem Mangel an Bildung heraus und auch, dass es schon genügend Bücher über das Gebet gäbe. Dann jedoch machte sie sich ans Werk und geriet in einen wahren Schaffensrausch. So entstand „Die Seelenburg" oder „Die Innere Burg" („Las Moradas del Castillo interior" – Die Wohnungen der inneren Burg). Sie benötigte nur acht Wochen dafür.

Nach ihrem Hausarrest in Toledo im Juli 1577 kehrte sie nach San José in Avila zurück.

1577 starb Nuntius Ormaneto, der seine schützende Hand über Teresas Reform gehalten hatte, und der reformfeindliche Filippo Sega wurde sein Nachfolger. Dieser hatte

---

[1] F 27,19
[2] Cta 111

einen ebenso reformfeindlichen Provinzial für Kastilien eingesetzt.

Im Oktober 1577 war Priorinnenwahl im Menschwerdungskloster in Avila, die alle drei Jahre stattfand. Viele der Nonnen wollten Teresa wieder als Priorin. Der neue Provinzial saß der Wahl vor und drohte den Nonnen mit der Exkommunikation, sollten sie für Teresa stimmen. Trotzdem stimmte die Überzahl, nämlich 55 von 98 wahlberechtigten Schwestern für sie. Juristisch gesehen hatte der Provinzial das Wahlrecht der Schwestern verletzt, und sie beschwerten sich, doch sie konnten sich nicht durchsetzen. So wurde eine Beschuhte zur Priorin gewählt.

Johannes vom Kreuz war damals Spiritual im Menschwerdungskloster und geriet im Zusammenhang mit der Priorinnenwahl ins Fadenkreuz der Ordensstreitigkeiten. Es wurde von ihm verlangt, wieder zu den Beschuhten zurückzukehren, da er gewissermaßen die Symbolfigur der Unbeschuhten Karmeliten war. Da er sich weigerte, wurde er ins Karmeliterkloster der Beschuhten nach Toledo verschleppt und schmachtete von Dezember 1577 bis August 1578 im Klosterkerker. Teresa wandte sich an Gracián und sogar an König Philipp II. in Madrid, doch es kam für Johannes keine Hilfe. Schließlich konnte er in einer abenteuerlichen Aktion aus dem Klostergefängnis fliehen.

Die Unbeschuhten wollten ihre rechtliche Situation klären und beriefen im Oktober 1578 ein Kapitel in Almodóvar del Campo, etwa 100 km südlich von Toledo, ein, an dem auch Johannes teilnahm, aber Gracián nicht. Sie wollten eine eigene Provinz und Unabhängigkeit von den Beschuhten. Dabei wurde Antonio de Heredia zum Provinzial gewählt und bestimmt, dass zwei Mitbrüder nach Rom gehen sollten, um den Papst um die Errichtung einer eigenen Provinz zu bitten. Doch die Unbeschuhten erkannten die Rechtmäßigkeit dieses Kapitels nicht an, und Filippo Sega erließ ein Dekret, das die Unbeschuhten völlig den Beschuhten unterstellte. Pater Gracián wurde im Kolleg der Unbeschuhten Brüder in Alcalá unter Hausarrest gestellt, Antonio de Heredia als einfacher Bruder in ein Kloster abgeschoben. Damit waren objektiv gesehen die reformierten Klöster dem Untergang geweiht und die Reform gescheitert. Johannes aber war gerade noch rechtzeitig aus der Schusslinie genommen und ins weit entfernte Andalusien geschickt worden, um dort Prior im Kloster El Calvario zu werden.

In dieser schlimmen Situation wandte sich Teresa an Philipp II. Auch Gracián ließ seine Kontakte spielen. Der König, dem an der Reform der Unbeschuhten gelegen war, erreichte, dass die Macht von Nuntius Sega beschnitten wurde und ein Beraterstab den Auftrag bekam, zusammen mit ihm ein Gutachten über die Unbeschuhten Karmeliten zu erstellen. Dieses Gremium traf am 1. April 1579 die folgenschwere Entscheidung: Die Vollmacht der Beschuhten über die Unbeschuhten wurde widerrufen, der Generalvikar Jerónimo Tostado wurde seines Amtes enthoben und Ángel de Salazar als Generalvikar über die Unbeschuhten in Kastilien und Andalusien eingesetzt, der einst Teresa teils unterstützt hatte. Dies war ein erster, teilweiser Erfolg für die Unbeschuhten, doch Salazar war ein Beschuhter und würde an seine Ordensrichtung denken.

Im Geheimen strebten die Unbeschuhten nun die völlige Unabhängigkeit in Form einer eigenen Provinz an. Sega wurde schließlich gezwungen, eine Denkschrift an den Papst zu unterzeichnen mit der Bitte um die Zustimmung zur Errichtung einer eigenen Provinz. Das war für Sega natürlich sehr blamabel. Um sein Gesicht zu wahren, wählte er eine Strategie, die Gracián ein großes Opfer abverlangte. Man sollte sagen, dass die Unbeschuhten vernünftig geworden seien, nur Pater Gracián sei der Aufwiegler. Segas Empörung habe nur Gracián gegolten, und wenn er sich verurteilen lasse, wäre er mit der Errichtung einer Provinz einverstanden. Für Gracián war das ein enormes Opfer, denn seine Ehre stand auf dem Spiel, doch er erklärte sich seinem Orden zuliebe mit seiner Verleumdung einverstanden.

Für Papst Gregor XIII. war die Angelegenheit um die spanischen Karmeliten relativ unwichtig, da er sich um bedeutendere Angelegenheiten kümmern musste, nämlich dem Kampf gegen den Protestantismus. König Philipp II. war hierbei ein wichtiger Verbündeter. Diese Situation führte schließlich zur Unabhängigkeit der Unbeschuhten. Der Papst entschied sich, der Bitte Philipps stattzugeben. Im sogenannten Trennungsbreve verfügte er die Errichtung einer eigenen Ordensprovinz der Unbeschuhten, und Teresas Reform wurde anerkannt.

Dieses Breve war für die Unbeschuhten eine Erlösung. Nun galt es, eine eigene Provinz einzurichten. Dazu wurde im März 1581 das Kapitel von Alcalá einberufen. Pater Gracián wurde zum Provinzial gewählt. Damit war Teresas Gründungswerk auf Dauer gesichert. Als Frau durfte sie bei diesem Kapitel allerdings nicht dabei sein.

Die letzten Jahre

Im August 1580 erkrankte Teresa so schwer an der schrecklichen Grippe, die damals in Spanien wütete, dass man glaubte, sie würde sterben.

Die Gründung in Borgos 1582 war ihre letzte und eine der schwierigsten. Die Reise im Winter bei Schnee und Regen im zugigen Planwagen über holprige Wege war anstrengend. Der Wagen mit den Nonnen blieb immer wieder im Schlamm stecken. Kurz bevor sie ihr Ziel erreichten, trat der Fluss Arlanzón über die Ufer, und es war lebensgefährlich, mit dem Wagen die marode Brücke zu überqueren.

Teresa war nun bereits fast siebenundsechzig, und ihr Arm, den sie sich vor fünf Jahren bei einem Sturz gebrochen hatte, war verkrüppelt. Ihr ging es schon länger nicht gut. Sie klagte über Schmerzen und „Missbefindlichkeiten". Jerónimo Gracián, der inzwischen Provinzial war, begleitete die Gruppe.

Vorläufig fanden sie Unterschlupf bei einer Dame. Der Erzbischof legte Teresa Steine in den Weg, wo er nur konnte, und wollte sich nicht an seine Absprachen halten. Nach langen, zähen Verhandlungen konnte Teresa schließlich ein Haus am Ufer des Arlazón erwerben, in das die Schwestern Mitte März einzogen. Als es im Mai tagelang regnete und stürmte, stand das Haus unter Wasser. Die Nonnen zogen sich ins obere Stockwerk zurück und warteten auf den Rückgang des Wassers.

Nach zwei Monaten machte Teresa sich auf den Rückweg. Sie hielt sich in ihrem Kloster in Valladolid auf, wo sich die dortige Priorin, die einst eine ihrer bevorzugten Mitschwestern war, plötzlich gegen sie wandte.

Dann erhielt Teresa von ihrem Oberen den Befehl, sich unverzüglich nach Alba de Tormes zu begeben, wo die Herzogin von Alba kurz vor der Entbindung stand, und ihr tröstend zur Seite zu stehen. Sie selbst war mittlerweile sehr krank, doch sie gehorchte. Ihre Mitschwester Ana de San Bartolomé begleitete sie. Unterwegs mussten sie in einer schlechten Herberge die Nacht verbringen. Völlig erschöpft erreichte Teresa schließlich Alba de Tormes, doch der Grund ihrer Reise hatte sich erübrigt, denn die Herzogin hatte bereits ihren Sohn geboren.

Teresa zog sich einige Tage in das dortige Kloster zurück. Sie erholte sich nicht wieder. Am 29. September kündigte sich an, dass sie sterben würde. Am 3. Oktober empfing sie die Sterbesakramente. Ana de San Bartolomé berichtete: „Als sie ankam, war sie so schlecht dran, dass sie nicht mit den Schwestern sprechen konnte. Sie sagte, sie fühle sich so erschlagen, dass sie meinte, keinen heilen Knochen mehr in sich zu haben. Am 3. Oktober bat sie um die Letzte Ölung. Als sie sah, dass man sie ihr reichte, setzte sie sich im Bett auf, so dass man sie halten musste. Mit großer Freude sagte sie: ‚Mein Herr, es ist Zeit aufzubrechen.‘ Sie dankte Gott, eine Tochter der Kirche zu sein und als solche zu sterben. In tiefer Demut bat sie um Verzeihung und sagte, man solle nicht auf ihre Taten und auf ihr schlechtes Beispiel schauen, das sie gegeben habe. Am Tag des hl. Franziskus, dem 4. Oktober, gegen 9 Uhr abends, holte sie unser Herr zu sich heim. Als sie starb, hielt sie ein Kreuz in ihren Händen, das sie festhielt und nicht losließ bis zum nächsten Tag, an dem sie sie beerdigten, und selbst dann konnten sie es ihr nur mit großer Gewalt aus den Händen nehmen.“[1] Sie starb vermutlich

---

[1] Münzebrock: Teresa, S. 61 f.

an einem Krebsleiden und wurde in Alba de Tormes beigesetzt.

Teresa hatte insgesamt siebzehn Frauenklöster und zwei Männerklöster (in Duruelo und Pastrana) gegründet.

Nach ihrem Tod erfolgten heftige Richtungsstreitigkeiten im Orden der Unbeschuhten, in deren Folge alles versucht wurde, Johannes vom Kreuz, der inzwischen schwer krank war, zu verleumden wie auch Pater Gracián, der 1592 aus dem Karmeliterorden ausgeschlossen wurde.

Die Werke Teresas

Teresa lehrte v.a. das innere Beten. Damit meinte sie die Art des freien Betens, wie es dem Bedürfnis des Menschen entspricht, also nicht die vorformulierten Gebete, sondern das persönliche Gespräch. Das war in der Kirche damals nicht unbedingt erwünscht, erst recht nicht für Frauen. Es herrschte auch die Meinung, wenn Frauen die Bibel in der Muttersprache lesen würden, wäre das sündhaft. Die Frauen sollten ihren Rosenkranz beten und an ihren Spinnrocken sitzen.

Das Ziel des inneren Betens ist, zur Quelle vorzustoßen. Teresa betrachtete dies als die Aufgabe der Ordensleute. Dabei wurden Bibelstellen betrachtet. Wir würden das heute Kontemplation nennen. Teresa beschreibt das innere Gebet als „Verweilen bei einem Freund, mit dem wir oft allein zusammenkommen, einfach um bei ihm zu sein, weil wir sicher wissen, dass er uns liebt."[1]

Teresa hatte bereits zu ihren Lebzeiten versucht, einzelne Schriften zu veröffentlichen, doch es war nicht dazu gekommen. Bald nach ihrem Tod kümmerte man sich um Teresas schriftstellerischen Nachlass. Fray Luis de León sah die Werke durch und brachte die meisten 1588 heraus. Es war für die damalige Zeit höchst ungewöhnlich, an die Veröffentlichung der Schriften einer Frau zu denken.

„Der Weg der Vollkommenheit" entstand aus den mündlichen Unterweisungen, die Teresa ihren Schwestern in ihrem ersten Kloster San José in Avila gab. Nachdem die Widerstände, auf die das neue Kloster stieß, gebrochen waren, musste sie sich um den inneren Aufbau der Gemeinschaft nach den neuen Ordensregeln kümmern und ein Fundament schaffen. Sie setzte nicht auf Askese und

---

[1] V 8,5

Bußstrenge, sondern auf Freundschaft mit Gott und das innere Beten und schrieb dafür dieses „Lebensprogramm" nieder, da ihre Schwestern sie sehr bedrängten, es zu tun. Sie bat ihren Beichtvater um Erlaubnis dafür, wie sie immer alles mit ihrem jeweiligen Beichtvater besprach, denn man muss bedenken, dass es in der damaligen Zeit als unerhört galt, wenn eine Frau sich anmaßte, ein Buch zu schreiben und zu lehren. Man geht heute davon aus, dass sie „Der Weg der Vollkommenheit" 1566 schrieb, nachdem sie ihre Vida beendet hatte. Von diesem Buch gibt es noch eine zweite Fassung, die später entstanden ist.

Von Ende Juni 1576 bis Juli 1577 stand Teresa in Toledo unter Hausarrest. In dieser Zeit schrieb sie „Die Innere Burg", im spanischen Original „Las Moradas del Castillo interior" (Die Wohnungen der inneren Burg), ihr wohl bekanntestes Werk. Die Adressatinnen sind wieder ihre Schwestern. Dabei benutzt sie als die wichtigsten Bilder die Burg, die beiden Brunnenbecken in der vierten Wohnung, ab der fünften Wohnung das Bild von der Seidenraupe, die sich in einen Schmetterling verwandelt, und ab der sechsten Wohnung das Brautsymbol. Die Burg bedeutet die Seele des Menschen.

Dieses Werk beschreibt den Weg nach innen. Es ist der Reifungsprozess des Menschen, der in Freundschaft mit Gott lebt, und entspricht der Dynamik, die diese Freundschaft entfaltet. So beschreibt sie sieben Stufen bzw. hier Wohnungen, wobei die Zahl sieben eine biblische Zahl ist. Sie sieht diese Stufen jedoch nicht linear, wobei eine Stufe auf die andere folgt wie bei einer Leiter, sondern sie existieren als Räume gleichzeitig nebeneinander, wobei der König (Gott) in der Mitte seiner Burg wohnt. Dabei bildet das innere Beten das Eingangstor. Der innere Freund, der Gott ist, ist nicht weit weg, sondern wohnt in unserem eigenen Innern. Wir dürfen „unsere Seele als eine gänzlich aus einem einzigen Diamanten oder sehr klaren Kristall bestehende Burg betrachten, in der es viele Gemächer gibt, so wie es im Himmel viele Wohnungen gibt (Joh 14,2) … Und in der innersten Mitte von all diesen Wohnungen liegt die vornehmste, in der die höchst geheimnisvollen Dinge zwischen Gott und der Seele vor sich gehen."[1]

Gott und Mensch sind bei Teresa Partner, die sich Schritt für Schritt aufeinander zubewegen. Dadurch kann der Mensch nicht anders, als immer mehr in der Wahrheit zu leben, und mit der Erkenntnis Gottes, erkennt die Seele sich selbst. Daraus erfolgt Demut, die mit einer gesunden Selbstannahme zu tun hat, weil Gott uns so annimmt, wie wir sind. Der Mensch wird so von Gott von einer Wohnung zur nächsten geführt. Der Mensch wird vom Handelnden immer mehr zum Empfangenden.

So findet Umkehr statt, die Teresa in der Mitte, also in der vierten Wohnung ansiedelt. In diesem Zusammenhang spricht sie von zwei Wasserbecken, die sich auf unterschiedliche Weise füllen. Das eine Wasserbecken wird von Wasser von weiter her durch Rohre und Technik gefüllt, beim anderen füllt sich das Wasser von selbst ein, da es unmittelbar über der Quelle steht. An diesem Punkt lernt der Mensch das wahre kontemplative Beten kennen, das immer weniger eigenes Bemühen erfordert und immer mehr ein schweigendes Sich-öffnen für Gott ist. Nun tut sich unversehens von innen her eine Tür auf, und Glück stellt sich ein. Sie spricht hier vom Gebet der Sammlung, das zum Gebet der Ruhe und der Gotteinung wird, wie sie es bei Osuna und anderen spirituellen Lehrer ihrer Zeit gelesen hat, wobei sie keine sich abgrenzende Entwick-

---

[1] Teresa, Werke, Bd. 1: Die Wohnungen der inneren Burg, Einführung, S. 1666

lungsstufe meint, sondern eine Bewegung. Dabei gibt der Mensch seinen Eigenwillen auf.

In der sechsten Wohnung geht sie ausführlich auf ekstatische Erfahrungen ein.

In der siebten Wohnung, der Endphase des Weges, verwendet sie die Begriffe der christlichen Brautmystik wie geistliche Verlobung und geistliche Vermählung. Hier hören die Ekstasen auf. Der Mensch ist ganz mit Gott vereint und in Übereinstimmung mit seinem Willen. Der alte Mensch mit seiner Selbstbezogenheit ist gestorben.

Dies ist ein schmerzhafter Prozess. „Es ist mit uns wie mit einer Seidenraupe, die sich selbst den Kokon weben muss, in der sie stirbt, um eines Tages als wunderschöner Schmetterling herauszuschlüpfen."[1] Durch diesen Prozess reift der Mensch in all seinen Dimensionen.

Trotz all ihrer Höhenflüge war Teresa ein sehr bodenständiger Mensch. Ihre Mystik blieb stets geerdet und wirklichkeitsnah. Sie warnte davor, eine gehobene Stimmung im Gebet als besondere spirituelle Erfahrung zu verstehen.

---

[1] dies., S. S. 1672

Chronologie

1515, 28. März Geburt Teresas in Avila

1523 Versuch Teresas, mit ihrem Bruder Rodrigo ins Maurenland zu fliehen

1528 Tod von Teresas Mutter

1531 Teresa besucht das Internat der Augustinerinnen in Avila

1532/33 Eine schwere Erkrankung zwingt sie zur Rückkehr ins Vaterhaus. Besuch bei ihrem Onkel Pedro de Cepeda.

1534 Teresas Brüder gehen nach Amerika (Peru, Ecuador).

1535 Teresa tritt am 2. November ohne Erlaubnis ihres Vaters ins Menschwerdungskloster, la Encarnación, in Avila ein.

1536 Einkleidung am 2. November

1537 Profess am 3. November

1538 Teresa erkrankt schwer. Wieder macht sie Halt bei ihrem Onkel in Hortigosa. Sie erhält das „geistliche ABC" von Osuna. Krank kehrt sie ins Kloster zurück. Die Krankheit verschlimmert sich, bis man sie für tot hält.

1543 Tod von Teresas Vater

1554 Teresas Bekehrung beim Anblick einer Statue des gegeißelten Christus, Lektüre der Bekenntnisse des Augustinus

1566/67 Teresa schreibt den „Weg der Vollkommenheit" (Camino de Perfección)

1567 Ordensgeneral Giovanni Battista Rossi (Rubeo) kommt nach Avila und erteilt Teresa die Erlaubnis zur Gründung weiterer Nonnenklöster. Am 16. August erhält sie zudem die Erlaubnis für die Gründung von zwei Männerklöstern (Duruelo und Pastrana).

Teresa gewinnt Johannes vom Kreuz und Pater Antonio de Heredia als erste Mönche für ihre Reform.

1568-82 Zeit der Gründungen

1571 Teresa wird zur Priorin des Menschwerdungsklosters bestellt.

1572 Teresa holt Johannes vom Kreuz als Spiritual ins Menschwerdungskloster.

1573 Teresa beginnt mit dem Buch der Klostergründungen (Fundaciones).

1574 Teresa kehrt als Priorin nach San José zurück.

1575 Teresa lernt P. Jerónimo Gracián anlässlich der Gründung in Beas de Seguna kennen. Ihre Vida wird bei der Inquisition in Sevilla angezeigt.

1576-1577 Hausarrest im Kloster in Toledo

1577 Teresa schreibt ihr größtes Werk, „Die Innere Burg".

Vom Dezember 1577 bis zum August 1578 verbringt Johannes vom Kreuz im Klostergefängnis in Toledo, bis ihm die Flucht gelingt.

1578 Der reformfeindliche neue Nuntius Filipe Sega unterstellt die Unbeschuhten den Beschuhten.

1580 Ein päpstliches Breve vom 22. Juni ermöglicht die Errichtung einer eigenen Ordensprovinz für die Unbeschuhten.

1581 Auf dem Kapitel der Unbeschuhten wird Pater Gracián zum Provinzial gewählt.

1582 Teresa bricht am 2. Januar zu ihrer letzten Gründung nach Borgos auf, wo sie bis zum 26./27. Juli bleibt.

Sie stirbt in der Nacht vom 4. auf den 5. Oktober in Alba de Tormes an Krebs.

1588 Fray Luis de León bringt Teresas Werke heraus.

1614 Seligsprechung von Teresa

1617 Ernennung zur Schutzpatronin Spaniens

1622 Heiligsprechung

1965 Schutzpatronin der spanischen Schriftsteller

1970 Ernennung zur Kirchenlehrerin

Literaturverzeichnis

Werke von Teresa von Avila:

Teresa von Avila: „Ich bin ein Weib – und obendrein kein gutes": Die schönsten Texte der großen Mystikerin, Freiburg, 2021

Teresa von Avila: Werke und Briefe: Gesamtausgabe, Freiburg i. Br., 2015: Bd. 1: Werke, Bd. 2: Briefe

> V Vida (Das Buch meines Lebens)
> F Libro de las Fundaciones – Buch der Klostergründungen
> CV Der Weg der Vollkommenheit
> Cta Cartas (Briefe)

Sekundärliteratur:

Delgado. Mariano: Das zarte Pfeifen des Hirten: Der mystische Weg der Teresa von Avila, Kevelaer, 2017

Ebert, Gabriele: Johannes vom Kreuz, Norderstedt, 2023

Koldau, Linda Maria: Teresa von Avila: Agentin Gottes, München, 2014

Lorenz, Erika: „Nicht alle Nonnen dürfen das": Teresa von Avila und Pater Gracián – die Geschichte einer großen Begegnung, Freiburg i. Br., 1983

Lorenz, Erika: Wege in die Weite: Die drei Leben der Teresa von Avila, Freiburg i. Br., 2014

Münzebrock, Elisabeth: Terese von Ávila, Freiburg i. Br., 2015

Prinz, Alois: Teresa von Avila: Die Biographie, 3. Aufl., Berlin, 2021